school - sekolo 2
travel - eta 5
transport - sepalangwa 8
city - toropo 10
landscape - boago jwa lefelo 14
restaurant - lefelo la go jela 17
supermarket - lebenkele 20
drinks - dino 22
food - dijo 23
farm - polase 27
house - ntlo 31
living room - phaposi ya bodulo 33
kitchen - boapeelo 35
bathroom - phaposi ya go tlhapela 38
kids room - phaposi ya bana 42
clothing - seaparo 44
office - kantoro 49
economy - ikonomi 51
occupations - maemo 53
tools - didiriswa 56
musical instruments - didirisiwa tsa mmino 57
zoo - lefelo la go bonela diphologolo 59
sports - metshameko 62
activities - didirwa 63
family - lelapa 67
body - mmele 68
hospital - sepetlele 72
emergency - tshoganyetso 76
earth - Lefatshe 77
clock - tshupanako 79
week - beke 80
year - ngwaga 81
shapes - dipopego 83
colors - mebala 84
opposites - ganetsa 85
numbers - dipalo 88
languages - dipuo 90
who / what / how - mang / eng / jang 91
where - kae 92

Impressum
Verlag: BABADADA GmbH, Nedderfeld 112 , 22529 Hamburg
Geschäftsführer / Verlagsleitung: Harald Hof
Druck: Books on Demand GmbH, In de Tarpen 42, 22848 Norderstedt

Imprint
Publisher: BABADADA GmbH, Nedderfeld 112 , 22529 Hamburg, Germany
Managing Director / Publishing direction: Harald Hof
Print: Books on Demand GmbH, In de Tarpen 42, 22848 Norderstedt

classroom
phaphosi borutelo

divide
kgaoganya

186/2

board
boroto

school yard
jarata ya sekolo

teacher
morutabana

paper
pampiri

write
kwala

pen
pene

desk
tafole

ruler
ruler

book
buka

pupil
baithuti

satchel

kgetsana ya dibuka

pencil case

setsenya dipensele

pencil

pensele

pencil sharpener

seseta pensele

rubber

sephimola

drawing pad

boto ya go torowa

drawing

torowa

paintbrush

boratšhe jwa pente

paint box

bokose ya pente

scissors

dikere

glue

sekgomaretsi

exercise book

buka ya go kwalela

homework

tirogae

number

palo

add

tlhakanya

subtract

kgaoganya

multiply

atisa

calculate

khalkhuleitara

letter

lekwalo

alphabet

alfabete

word

lefoko

text
mafoko

read
bala

chalk
choko

lesson
thuto

register
rejistara

examination
tlhatlhobo

certificate
setifikeiti

school uniform
diaparo tsa sekolo

education
thuto

encyclopedia
encyclopedia

university
unibesithi

microscope
mikoroskoupo

map
mmepe

waste-paper basket
moteme wa dipampiri

hotel
hotele

hostel
hosetele

currency exchange office
kantoro ya go fetola madi

car
sejanaga

language
puo

yes / no
ee / nnyaa

Okay
Go siame

hello
dumela

translator
moranodi

Thank you
Ke a leboga

how much is...?

ke bokae...?

I don't get it

ga ke tlhaloganye

problem

bothata

Good evening!

O itumelele bosigo!

Good morning!

Dumela!

Good night!

Robala Sentle!

goodbye

tsamaya sentle

direction

tsela

luggage

dithoto

bag

kgetsi

backpack

kgetsi

guest

moeng

room

phaposi

sleeping bag

kgetsana ya go robalela

tent

mogope

tourist information

tshedimosetso ya mojanala

beach

lewatle

credit card

karata ya go tsaya sekoloto

breakfast

sefitlholo

lunch

dijo tsa motshegare

dinner

dijo tsa maitsiboa

Ticket

tekete

elevator

lifiti

stamp

setempe

border

bodara

customs

dingwao

embassy

embassy

visa

visa

passport

lokwalo itshupo

airplane
sefofane

ship
sekepe

fire truck
enjene ya molelo

bus
bese

truck
koloi

motorboat
koloi ya metsi

bike
sekuta

car
sejanaga

ferry
feri

boat
sekepe

motorbike
sethuthuthu

police car
sejanaga sa mapodisa

racing car
sejanaga sa lobelo

rental car
sejanaga se se hirilweng

car sharing

aroganya sejanaga

tow truck

koloi e e gogang dikoloi tse
di robegileng

garbage truck

koloi e e tsayang matlakala

engine

koloi

fuel

lookwane

fuel station

seteišhene sa lookwane

traffic sign

letshwao la pharakano

traffic

pharakano

traffic jam

pharakano

parking lot

lefelo la go emisa koloi

train station

seteišhene sa terena

tracks

mela

train

terena

tram

tereme

wagon

kolotsana

transport - sepalangwa

9

helicopter
sefofane

airport
boemeladifofane

tower
tora

passenger
mopalami

container
sekhafothini

carton
bokoso

cart
karaki

basket
basekete

take off / land
go tsamaya / go fitlha

city

toropo

village
motse

city center
legare la teropo

house
ntlo

movie theater
baesekopo

advert
phasalatsa

street light
lebone la tsela

CINEMA

street
tsela

taxi
thekisi

snack shop
lebenkele

pedestrian
motho yo tsamayang

sidewalk
bophaphatho jwa tsela

zebra crossing
mela e e dirisiwang ke batho ba ba tsamayang ka maoto go kgabganya tsela

sa go tsenya matlakala

crossing
kgabaganya

traffic lights
mabone a go laola pharakano

hut

ntlo e e ruletseng ka bojang

apartment

sephara

train station

seteišhene sa terena

city hall

ntlolehalahala la toropo

museum

museamo

school

sekolo

city - toropo

university

unibesithi

bank

banka

hospital

sepetlele

hotel

hotele

pharmacy

lefelo la melemo

office

kantoro

book shop

lebenkele la dibuka

shop

lebenkele

flower shop

batho ba ba rekisang malomo

supermarket

lebenkele

market

maraka

department store

lebenkele la diaparo

fishmonger's shop

fishmongers

mall

moago wa mabenkele a a mantsi

harbor

boema dikepe

park

serapa

bench

banka

bridge

borogo

stairs

ditepisi

subway

kwa tlase ga lefatshe

tunnel

kgogometso

bus stop

boemela bese

bar

bara

restaurant

lefelo la go jela

postbox

lebokose la pose

street sign

letshwao la tsela

parking meter

mitara wa go emisa koloi

zoo

lefelo la go bonela
diphologolo

swimming pool

letlodi la go thuma

mosque

tempele ya mamoselema

farm
polase

pollution
kgotlelelo

cemetery
mabitla

church
kereke

playground
lefelo la go tshamekela

temple
temple

landscape
boago jwa lefelo

signpost
matshwao

path
tsela

meadow
ditlhaga

stone
letlapa

tree
setlhare

hiker
motho yo o tsamayang mo thabeng

river
noka

grass
bojang

flower
lelomo

valley

mokgatša

hill

thatshana

lake

lekadiba

forest

sekgwa

desert

sekaka

volcano

lekgwamolelo

castle

khasele

rainbow

motshe wa badimo

mushroom

leboa

palm tree

mokolana

mosquito

montsane

fly

tshenekegi

ant

tshoswane

bee

notshi

spider

segokgo

beetle

khukhwana

frog

segwagwa

squirrel

mosha

hedgehog

noko

hare

mmutla

owl

morubisi

bird

nonyane

swan

pidipidi

boar

dikolobe tsa naga

deer

kgokong

moose

moose

dam

letamo

wind turbine

sefetlhaphefo

solar panel

motlakase o o dirilweng ka letsatsi

climate

loapi

waiter
weitara

menu
lenaane la dijo

chair
setulo

soup
sopo

pizza
pizza

cutlery
dintsho

tablecloth
fatuku ya tafole

starter
sejo sa ntlha

main course
sejo sa bobedi

dessert
dijo tse di naleng sukiri

drinks
dino

food
dijo

bottle
botlolo

fast food

dijo tsa mo strateng

street food

dijo tsa seterata

teapot

ketlele ya tee

sugar bowl

sejana sa go tsenya sukiri

portion

karolo

espresso machine

motšhini wa espresso

high chair

setulo se se kwa godimo

bill

tshupamolato

tray

terei

knife

thipa

fork

forotlho

spoon

liso

teaspoon

leswana

serviette

lesela la go iphimola

glass

galase

plate

poleiti

soup plate

poleiti ya sopo

saucer

sosara

sauce

sopo

salt shaker

sejana sa letswai

pepper mill

sesila pepere

vinegar

aseini

oil

oli

spices

ditswaiso

ketchup

tamati souso

mustard

masetete

mayonnaise

mayonaese

supermarket
lebenkele

special offer
sesolo se se kgethegileng

customer
moreki

dairy products
dilwana tsa mašwi

fruit
leungo

shopping cart
teroli

FOR

butcher's shop
batho ba ba segang nama

bakery
babaki

weigh
boima

vegetables
merogo

meat
nama

frozen food
dijo tse di aesitsweng

cold cuts

nama e e sa tlhokeng go apewa

canned food

dijo tsa thini

detergent

molora o o tlhatswang

candy

dimonamone

household products

dilwana tsa ntlo

cleaning products

dilwana tsa go phepafatsa

sales representative

morekisi

cash register

motšhini wa madi

cashier

morekisi

shopping list

lennane la go reka

opening hours

diura tsa go bula

wallet

sepatšhe

credit card

karata ya go tsaya sekoloto

bag

kgetsi

plastic bag

kgetsi ya polasetiki

water

metsi

juice

jusi

milk

mašwi

coke

khouku

wine

beine

beer

biri

alcohol

bojalwa

cocoa

khoukhou

tea

tee

coffee

kofi

espresso

esepereso

cappuccino

cappuccino

banana

panana

apple

apole

orange

namune

melon

legapu

lemon

surunamune

carrot

segwete

garlic

konofole

bamboo

lotlhaka lwa bampuse

onion

eie

mushroom

mabowa

nuts

manoko

noodles

di-noodles

spaghetti

sepagethi

rice

raese

salad

salate

fries

ditšhipisi

fried potatoes

ditapole tse di gadikilweng

pizza

pizza

hamburger

hamburger

sandwich

borotho jo bo tlapisitsweng

escalope

nama e e gadikilweng

ham

nama ya kolobe

salami

salami

sausage

boroso

chicken

koko

roast

gadika

fish

tlhapi

porridge oats

bogobe jwa outse

muesli

muesli

cornflakes

cornflakes

flour

bupi

croissant

croissante

bread roll

banse

bread

borotho

toast

borotho jo bo besitsweng

cookies

bisikiti

butter

botoro

curd

tšhisi

cake

kuku

egg

lee

fried egg

lee le le gadikilweng

cheese

kase

ice cream

aesekirimi

sugar

sukiri

honey

mamepe a dinotshe

jelly

jeme

nougat cream

chokolete e e tshasiwang

curry

khari

goat

pudi

cow

kgomo

calf

namane

pig

kolobe

piglet

kolojane

bull

poo

goose

ganse

duck

pidipidi

chick

kokwanyana

hen

mokoko

cockerel

mokoko

rat

peba

cat

katse

mouse

peba

ox

kgomo

dog

ntša

dog house

ntlo ya ntša

garden hose

lethompo la tshingwana

watering can

tanka ya go nosetsa

scythe

disekele tsa tshipi

plow

lema

sickle

disekele

hoe

setlhagola

pitchfork

foroko ya go peta

axe

selepe

pushcart

kiribae

trough

bonwelo

milk can

mašwi a a moteng ga
moteme

sack

kgetsana

fence

legora

stable

tsepame

greenhouse

lefelo la go godisa dijalo

soil

mmu

seed

peo

fertilizer

menyoro

combine harvester

thobo e e kopaneng

harvest

thobo

harvest

thobo

yams

di-yam

wheat

korong

soya

soya

potato

tapole

corn

korong

rapeseed

disonobolomo

fruit tree

setlhare sa maungo

manioc

cassava

grain

dijo tsa phakela

living room

phaposi ya bodulo

bathroom

phaposi ya go tlhapela

kitchen

boapeelo

bedroom

phaposi ya borobalo

kids room

phaposi ya bana

dining room

phaposi ya bojelo

floor

mo fatshe

wall

lebota

ceiling

siling

cellar

mabolokelo

sauna

se futhumatsa mmele

balcony

mokatako

terrace

mokgekolosa

pool

makadiba

lawn mower

sedirisiwa sa go sega
bojang

sheet

lakane

bedspread

kobo

bed

bolao

broom

lefielo

bucket

kgamelo

switch

switch

carpet
mmetshe

drape
garetene

table
tafole

chair
setulo

rocking chair
setulo se se binang

armchair
setulo se se naleng boikego

book
buka

blanket
kobo

decoration
mokgabiso

firewood
dikgong tsa molelo

film
filimi

stereo system
hi-fi ya go letsa

key
selotlolo

newspaper
lokwalodikgang

painting
setshwantsho se se
dirilweng ka pente

poster
pampiri ya go phasalatsa

radio
seyalemowa

notebook
buka ya dintla

vacuum cleaner
huvara

cactus
motoroko

candle
kerese

fridge
setsidifatsi

microwave oven
ovene ya go futhumatsa dijo

kitchen scales
sekale sa boapeelo

toaster
tostara

laundry detergent
sephepafatsi

stove
ovene

freezer
setsidifatsi

dishwasher
motšhini wa go tlhatswa dikotlele

cooker
moapei

pot
pitsa

cast-iron pot
pitsa ya tshipi

wok / kadai
wok / kadai

pan
pane

kettle
ketlele

steamer

sefuthumatsi

baking tray

terei ya go baka

crockery

dintsho

mug

kopi

bowl

sejana

chopsticks

thobane ya go rema

ladle

thoka

spatula

sepatšhula

whisk

wiskara

strainer

setereinara

sieve

setlhotlhi

grater

greitara

mortar

kika

barbecue

nama ya kgomo

fireplace

molelo o o mopepeneneg

chopping board
boroto ya go segela

rolling pin
rolara

corkscrew
sebula dibotlolo tsa beine

can
moteme

can opener
sebula moteme

oven cloth
setshwari sa pitsa

sink
sinki

brush
boratšhe

sponge
sepontšhe

blender
setlhakanya dijo / maungo

deep freezer
setsidifatsi

baby bottle
botlole ya ngwana

tap
tepe

phaposi ya go tlhapela

heating
thutafatsa

shower
shawara

towel
toulo

shower curtain
garetene ya shawara

bubble bath
setshelo sa go dira dibabole mo bateng

bathtub
bata

glass
galase

washing machine
setlhatswa diaparo

tap
tepe

tiles
dithaele

potty
poti

sink
sinki

toilet
ntlwana

squat toilet
ntlwana ya go kotama

bidet
bidete

urinal
moroto

toilet paper
pampiri ya boithomelo

toilet brush
boratšhe jwa ntlwana

toothbrush

boratšhe jwa meno

toothpaste

sesepa sa meno

dental floss

tlhale ya go phepafatsa meno

wash

tlhatswa

hand shower

shawara ya go itshwarela

douche

senkgisa monate

basin

beisini

back brush

boratšhe jwa mokwatla

soap

sesepa

shower gel

jele ya shawara

shampoo

setlhapisa moriri

flannel

folanele

drain

mosele

creme

setlolo

deodorant

senkgamonate

mirror

seipone

hand mirror

seipone sa go itshwarela

razor

legare

shaving foam

foumu ya go ntsha moriri

aftershave

foumu ya fa o fetsa go
ntsha moriri

comb

kama

brush

boratšhe

hair-dryer

seomisa moriri

hairspray

seporei sa moriri

makeup

seitlole sa sefatlhego

lipstick

setlolo sa molomo

nail varnish

pente ya dinala

cotton wool

boboa

nail scissors

sekere sa dinala

perfume

leokwane le le nkgang
monate

bathroom - phaposi ya go tlhapela

washbag

kgetsana ya go tlhatswa

stool

setulo

weighing scales

sekale sa go lekanya

bathrobe

seaparo sa botlhapelo

rubber gloves

ditlelafo tsa rekere

tampon

tempone

sanitary towel

sedirisiwa sa basadi ba ba
mo kgweding

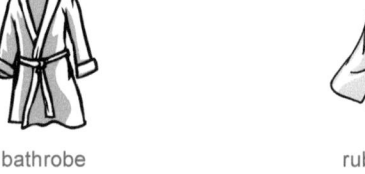

chemical toilet

ntlwana ya khemikhale

alarm clock
tshupanako ya alamo

cuddly toy
mpopi wa go tlamparela

toy car
koloi e e tshamekang

doll's house
ntlo ya dipompi

present
poresente

rattle
setšhakgatšhakga

balloon

baluni

bed

bolao

stroller

porema

deck of cards

deck of cards

jigsaw

saga ya motlakase

comic

buka ya ditshegisi

lego bricks

matlapa a go tshameka

toy blocks

diboloko tse di tshamekang

action figure

setshwantsho sa motho

romper suit

seaparo sa lesea

frisbee

Frisbee

mobile

selo sa go letsa mmino mo
ditsebeng

board game

motshameko wa boroto

dice

daese

model train set

terena

pacifier

tami

party

moletlo

picture book

buka ya ditshwantsho

ball

bolo

doll

mpopi

play

tshameka

sandpit

lebala le le naleng santa

swing

moswinki

toys

ditshamekisi tsa bana

video game console

motshameko wa dibidio

tricycle

baesekele ya maotwana a a mararo

teddy bear

bera e e diretsweng go tshamekisa bana

wardrobe

raka ya go baya diaparo

clothing

seaparo

socks

dikausu

stockings

dikausu tsa basadi

tights

dithaetse

scarf
sekhafo

belt
lebante

umbrella
sekhukhu

t-shirt
sekipa

sneakers
diteki

boots
dibutshi

slippers
disilipara

sandals
dimphatšhane

shoes
ditlhako

rubber boots
dibutshi tsa rekere

underwear
borukgwe jwa kwateng

bra
boraa

undershirt
besete

body

mmele

pants

borukgwe

jeans

bokate

skirt

sekete

blouse

bolaose

shirt

hempe

pullover

jeresi e e senang matsogo

sweater

jakete e e enaleng hutshe

blazer

boleisara

jacket

jakete

coat

jase

raincoat

jase ya pula

costume

khosetjhumo

dress

mosese

wedding dress

mosese wa lenyalo

suit

sutu

nightgown

seaparo sa bosigo

pajamas

diaparo tsa go robala

sari

sari

headscarf

sekhafa sa tlhogo

turban

turban

burka

burqa

kaftan

kaftan

abaya

abaya

swimsuit

seaparo sa go thuma

trunks

diteranka

shorts

borukgwe jo bo khutshwane

tracksuit

terekesutu

apron

seaparo sa go phephafatsa

gloves

ditlelafo

button

talama

glasses

diborele

bracelet

sebaga

necklace

sebaga sa mo thamong

ring

palamonwana

earring

lengena

cap

kepisi

coat hanger

sepega baki

hat

hutshe

tie

tae

zip

zepe

helmet

hutshe ya sethuthuthu

braces

ditrata tsa meno

school uniform

diaparo tsa sekolo

uniform

diaparo tsa mmereko /
diaparo tsa sekolo

bib
bebe

pacifier
tami

diaper
mongato

server
server

filing cabinet
lekase la difaele

printer
segatisi

paper
pampiri

monitor
monithara

mouse
maose

desk
tafole

folder
fouldara

keyboard
khiboto

chair
setulo

waste-paper basket
moteme wa dipampiri

computer
khomputara

coffee mug
kopi

calculator
khalkhuleitara

internet
inthanete

laptop

lapothopo

letter

lekwalo

message

molaetsa

cell phone

mogala wa letheka

network

kgolagano ya megala

photocopier

segatisa dipampiri

software

software

telephone

mogala

plug socket

sokete ya polaka

fax machine

motšhini wa fekese

form

foromo

document

setlankana

buy

reka

pay

patela

trade

rekisa

money

madi / tšhelete

dollar

dolara

euro

euro

yen

yen

rouble

roubele

Swiss franc

swiss franc

renminbi yuan

renminbi yuan

rupee

rupee

cash point

lefelo la madi

currency exchange office
kantoro ya go fetola madi

gold
gauta

silver
selefera

oil
oli

energy
maatla

price
tlhwatlhwa

contract
konteraka

tax
lekgetho

stock
setoko

work
dira

employee
mothapiwa

employer
mothapi

factory
bodirelo

shop
lebenkele

police officer
lepodisi

fireman
motimamolelo

cook
moapei

doctor
ngaka

pilot
mokgweetsi wa sefofane

gardener

ratshingwana

carpenter

mmetli wa dikgong

seamstress

moroki

judge

moatlhodi

chemist

moitse wa melemo

actor

modiragatsi

bus driver

mokgweetsi wa bese

taxi driver

mokgweetsi wa tekisi

fisherman

motshwari wa ditlhapi

cleaning lady

Mme yo o phepafatsang

roofer

moruledi

waiter

weitara

hunter

motsumi

painter

motaki

baker

mmesi wa senkgwe

electrician

ramotlakase

builder

moagi

engineer

moenjenere

butcher

mosegi wa nama

plumber

motsenyi wa diphaepe tsa metsi

postman

motsamaisa poso

soldier

leshole

architect

modiri wa dipolane

cashier

morekisi

florist

morekisi wa malomo

hairdresser

mokgabisamoriri

conductor

kondactara

mechanic

mokheneke

captain

mokapeteine

dentist

ngaka ya meno

scientist

Rasaense

rabbi

moruti

imam

imam

monk

moitlami

pastor

moruti

hammer
hamore

pliers
tang

screwdriver
sekurufu deraevara

wrench
sepanere

torch
lobone

excavator

moepi

toolbox

bokoso ya didirisiwa

ladder

lere

saw

saga

nails

dipekere

drill

sebori

repair

baakanya

shovel

garawe

Damn!

ijaa!

dustpan

seolela matlakala

paint can

pitsa ya pente

screws

sekurufu

musical instruments
didirisiwa tsa mmino

loud speaker
sepikara se se goelang ko godimo

drum set
meropa

guitar
katara

double bass
base e e gabedi

trumpet
terompeta

piano
....
piano

violin
....
bayolini

bass
....
base

timpani
....
timpane

drums
....
meropa

keyboard
....
khiboto

saxophone
....
sekesofone

flute
....
phala

microphone
....
sebuela godimo

lefelo la go bonela diphologolo

tiger
lengau

entrance
botseno

cage
kheitšhe

zebra
pitse ya naga

animal feed
dijo tsa diphologolo

panda
panda

animals

diphologolo

elephant

tlou

kangaroo

dikhankaruu

rhino

tshukudu

gorilla

tshweni

bear

bera

camel

kamela

ostrich

kalakune

lion

tau

monkey

tshwene

flamingo

flamingo

parrot

papalagae

polar bear

bera e e dulang ko lefelong
le le tsididi thata

penguin

nonyane tsa lewatle

shark

leruarua

peacock

phikoko

snake

noga

crocodile

kwena

zookeeper

motlhokomedi wa
diphologolo

seal

sili

jaguar

katse

zoo - lefelo la go bonela diphologolo

pony

petsana

leopard

lengau

hippo

tshukudu

giraffe

thutlwa

eagle

ntsu

boar

dikolobe tsa naga

fish

tlhapi

turtle

khudu

walrus

walrus

fox

ntja ya naga

gazelle

tshephe

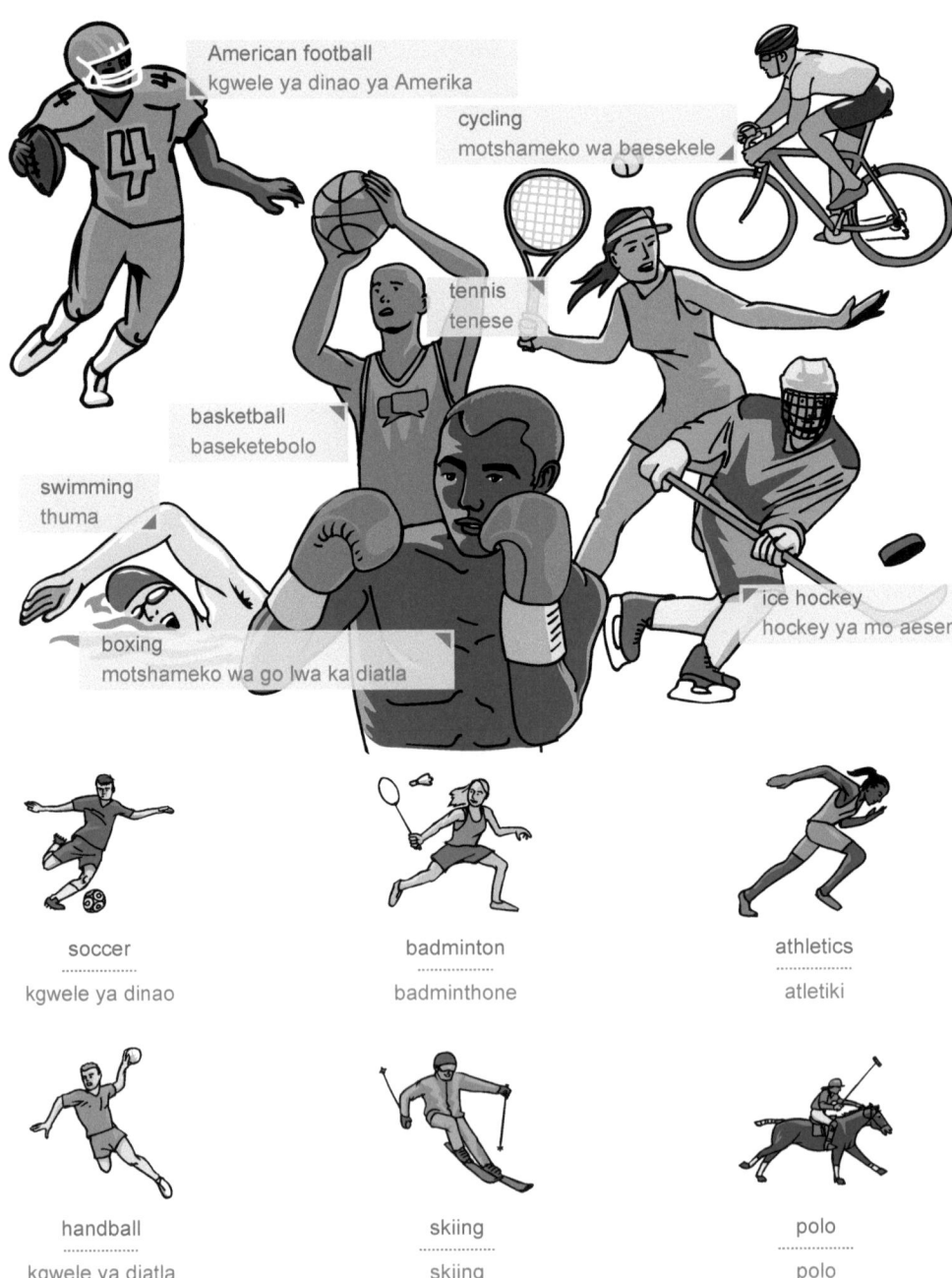

American football
kgwele ya dinao ya Amerika

cycling
motshameko wa baesekele

tennis
tenese

basketball
baseketebolo

swimming
thuma

ice hockey
hockey ya mo aeseng

boxing
motshameko wa go lwa ka diatla

soccer
kgwele ya dinao

badminton
badminthone

athletics
atletiki

handball
kgwele ya diatla

skiing
skiing

polo
polo

laugh
tshega

jump
tlola

hug
tlamparela

walk
tsamaya

sing
opela

dream
lora

pray
rapela

kiss
atla

write	draw	show
kwala	torowa	bontsha

push	give	take
kgorometsa	naya	tsaya

have

go nna

do

dira

be

nna

stand

ema

run

taboga

pull

goga

throw

latlha

fall

wa

lie

maaka

wait

ema

carry

tsholetsa

sit

dula

get dressed

apara

sleep

robala

wake up

tsoga

activities - didirwa

look at

leba

cry

lela

stroke

thuma ka lemorago

comb

kama

talk

bua

understand

tlhaloganya

ask

botsa

listen

reetsa

drink

nwa

eat

ja

tidy up

phepafatsa

love

lorato

cook

apaya

drive

kgweetsa

fly

fofa

activities - didirwa

sail

seila

calculate

khalkhuleitara

read

bala

learn

ithute

work

dira

marry

nyala

sew

roka

brush teeth

tlhapa meno

kill

bolaya

smoke

tsuba

send

romela

grandmother
mmemogolo

grandfather
rremogolo

father
rre

mother
mme

baby
ngwana

daughter
morwadi

son
morwa

guest

moeng

aunt

mmangwane

uncle

malome

brother

abuti

sister

ausi

forehead
phatlha

eye
leitlho

shoulder
legetla

finger
monwana

face
sefatlhego

chin
seledu

hand
seatla

breast
letsele

leg
leoto

arm
letsogo

baby

ngwana

man

monna

woman

mosadi

girl

mosetsana

boy

mosimane

head

tlhogo

back

mokwatla

belly

mpa

navel

khubu

toe

monwana

heel

serethe

bone

lerapo

hip

letheka

knee

lengole

elbow

sekgono

nose

nko

buttocks

ko tlase

skin

letlalo

cheek

lerama

ear

tsebe

lip

pounama

mouth

molomo

tooth

leino

tongue

loleme

brain

boboko

heart

pelo

muscle

maatla

lung

lekgwafo

liver

sebete

stomach

mala

kidneys

diphio

sex

bong

condom

mosomelwana

ovum

sebelegi sa ngwana

semen

semen

pregnancy

moimana

body - mmele

menstruation

dinako tsa go tla ka kgwedi
tsa basadi

vagina

serwe sa mosadi

penis

serwe sa monna

eyebrow

dintshi

hair

moriri

neck

thamo

hospital
sepetlele

ambulance
ambulense

wheelchair
setulo se se naleng maoto a a itsamaisang

fracture
go robega

doctor

ngaka

emergency room

phaphosi ya tshoganyetso

nurse

mooki

emergency

tshoganyetso

unconscious

idibala

pain

setlhabi

injury

kgobalo

bleeding

go dutla madi

heart attack

tlhaselo ya pelo

stroke

setorouko

allergy

bolwetsi

cough

go gotlhola

fever

fulu

flu

fulu

diarrhea

letshololo

headache

opiwa ke tlhogo

cancer

kankere

diabetes

sukiri ya mmele

surgeon

moari

scalpel

sekalepele

operation

karo

CT

CT

x-ray

x-ray

ultrasound

motšhini wa go leba mo mpeng

face mask

sesira sefatlhego

disease

twatsi

waiting room

phaposi boletelo

crutch

dithobane

plaster

polasetara

bandage

sefapho

injection

lemao

stethoscope

setetosekoupu

stretcher

seteretšhara

clinical thermometer

themometara ya bongaka

birth

pelegi

overweight

bokima jwa mmele

hearing aid

sedirisiwa sa go thusa go
utlwa

disinfectant

sesireletsa dintho

infection

tshwaetso

virus

mogare

HIV / AIDS

HIV / AIDS

medicine

melemo

vaccination

mokento

tablets

thabolete

pill

pilisi

emergency call

mogala wa tshoganyetso

blood pressure monitor

motšhini wa go ela tlhoko
kgatelelo ya madi

ill / healthy

lwala / itekanetse

Help!

Thusa!

alarm

alamo

assault

tshotlako

attack

tlhasela

danger

kotsi

emergency exit

kgoro ya tshoganyetso

Fire!

Molelo!

fire extinguisher

setima moleleo

accident

kotsi

first-aid kit

khiti ya go thusa ka
dikgobalo

SOS

SOS

police

lepodisi

Europe

Yuropa

North America

Bokone jwa Amerika

South America

Borwa jwa Amerika

Africa

Aforika

Asia

Asia

Australia

Australia

Atlantic

Atlantic

Pacific

Pacific

Indian Ocean

Lewatle la India

Antarctic Ocean

Lewatle la Antarctic

Arctic Ocean

Lewatle la Arctic

North pole

Bokone

South pole

Borwa

Antarctica

Antartica

earth

Lefatshe

land

lefatshe

sea

lewatle

island

losi lwa lewatle

nation

lotso

state

boemo

clock face

lentle la tshupanako

hour hand

letsogo la ura

minute hand

letsogo la metsotso

second hand

letsogo la metsotswana

What time is it?

ke nako mang?

day

letsatsi

time

nako

now

go ne jaanong

digital watch

tshupanako ya dijithale

minute

metsotso

hour

ura

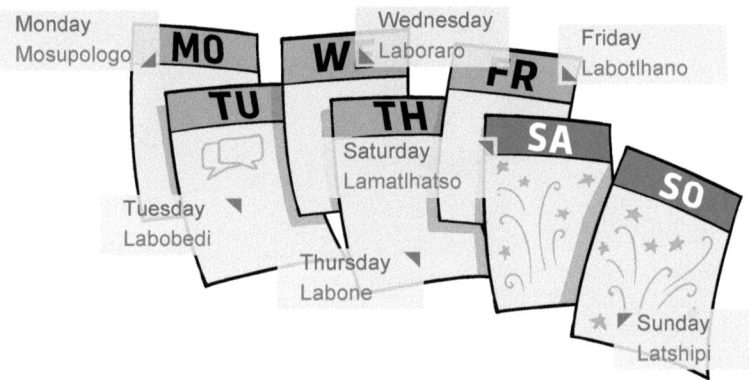

Monday
Mosupologo

Wednesday
Laboraro

Friday
Labotlhano

Tuesday
Labobedi

Saturday
Lamatlhatso

Thursday
Labone

Sunday
Latshipi

yesterday

maabane

today

gompieno

tomorrow

kamoso

morning

moso

noon

thapama

evening

maitseboa

workdays

malatsi a tiro

weekend

mafelo a beke

rain
pula

snow
letlhwa

wind
phefo

spring
dikgakologo

fall
letlhafula

summer
selemo

winter
mariga

weather forecast
botsogo jwa loapi

thermometer
themomithara

sunshine
letsatsi

cloud
leru

fog
mouwane

humidity
humidity

lightning

legadima

thunder

modumo wa maru

storm

matsubutsubu

hail

sefako

monsoon

monsoon

flood

morwalela

ice

aese

January

Ferikgong

February

Tlhakole

March

Mopitlwe

April

Moranang

May

Motsheganong

June

Seetebosigo

July

Phukwi

August

Phatwe

September
....
Lwetse

October
....
Diphalane

November
....
Ngwanaatsele

December
....
Sedimonthole

shapes
dipopego

circle
....
kgolokwe

square
....
khutlonne

rectangle
....
khutlonnetsepa

triangle
....
khutlotharo

sphere
....
khutlo

cube
....
khiubu

white
....
tshweu

yellow
....
serolwana

orange
....
mmala wa namune

pink
....
pinki

red
....
khibidu

purple
....
bohibidu jo bo mokgona

blue
....
pududu

green
....
tala

brown
....
tshetlha

gray
....
tshetlha

black
....
ntsho

a lot / a little

go le gontsi / go nnye

angry / calm

go kwata / go ritibala

beautiful / ugly

montle / maswe

beginning / end

tshimologo / bofelo

big / small

tonna / nnyane

bright / dark

lesedi / lefifi

brother / sister

abuti / ausi

clean / dirty

phepa / leswe

complete / incomplete

feletse / go sa felela

day / night

motshegare / bosigo

dead / alive

o sule / o a tshela

wide / narrow

bophara / tshesane

edible / inedible

ya jega / ga e jege

evil / kind

bosula / molemo

excited / bored

go itumela thata / go se
itumele

fat / thin

nonne / tshesane

first / last

ntlha / bofelo

friend / enemy

tsala / sera

full / empty

tletse / lolea

hard / soft

thata / bonolo

heavy / light

bokete / motlhofo

hunger / thirst

tlala / lenyora

ill / healthy

lwala / itekanetse

illegal / legal

dumelesega / dumeletswe

intelligent / stupid

botlhale / sematla

left / right

molema / moja

near / far

gaufi / kgakala

opposites - ganetsa

new / used

sesha / ya kgale

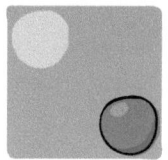

nothing / something

sepe / sengwe

old / young

mogolo / mosha

on / off

tsenya / tima

open / closed

bula / tswetswe

quiet / loud

tidimalo / modumo

rich / poor

khumo / lehuma

right / wrong

siame / phoso

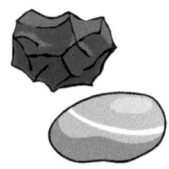

rough / smooth

ditlhotlhori / borethe

sad / happy

hutsafetse / itumetse

short / long

khutshwane / telele

slow / fast

bonya / bonako

wet / dry

metsi / omile

warm / cool

mololo / tsididi

war / peace

ntwa / kagiso

0

zero

lefela

1

one

nngwe

2

two

pedi

3

three

tharo

4

four

nne

5

five

tlhano

6

six

thataro

7

seven

supa

8

eight

robedi

9

nine

robonngwe

10

ten

lesome

11

eleven

some nngwe

12

twelve

some pedi

13

thirteen

some tharo

14

fourteen

some nne

15

fifteen

some tlhano

16

sixteen

some thataro

17

seventeen

some supa

18

eighteen

some robedi

19

nineteen

some robonngwe

20

twenty

masomamabedi

100

hundred

lekgolo

1.000

thousand

sekete

1.000.000

million

milione

English
....
Sejatlhapi

American English
....
Sejatlhapi sa Amerika

Chinese Mandarin
....
se-China

Hindi
....
se-Hindi

Spanish
....
se-Spanish

French
....
se-For a

Arabic
....
se-Araba

Russian
....
se-Russia

Portuguese
....
se-Potokisi

Bengali
....
se-Bengali

German
....
se-Jeremane

Japanese
....
se-Japane

I

Nna

you

wena

he / she / it

ene / ene / sone

we

re

you

wena

they

bone

who?

mang?

what?

eng?

how?

jang?

where?

kae?

when?

leng?

name

leina

behind

mo morago

in

mo

in front of

fa pele ga

over

godimo

on

mo

under

fa tlase

beside

mo thoko

between

magareng

place

lefelo